अभियान काव्य संग्रह

एच . एन . राय (हृदय)

Copyright © H.n.rai (hriday)
All Rights Reserved.

ISBN 978-1-63957-301-1

This book has been published with all efforts taken to make the material error-free after the consent of the author. However, the author and the publisher do not assume and hereby disclaim any liability to any party for any loss, damage, or disruption caused by errors or omissions, whether such errors or omissions result from negligence, accident, or any other cause.

While every effort has been made to avoid any mistake or omission, this publication is being sold on the condition and understanding that neither the author nor the publishers or printers would be liable in any manner to any person by reason of any mistake or omission in this publication or for any action taken or omitted to be taken or advice rendered or accepted on the basis of this work. For any defect in printing or binding the publishers will be liable only to replace the defective copy by another copy of this work then available.

इस पुस्तक की रचना मे बिशेषतः डॉ राजीव शर्मा प्रोफेसर (कवि) जिन्होंने इन कविताओं की पड़ताल की और भूमिका लिखी! उनका हृदय की गहराइयों से आभार प्रगट करता हूँ ! एवं रामइकबाल शुक्ला जी को जो लेखक के साथ रचना काल के साक्षी रहे ! हृदय से धन्यवाद देता हूँ !

एच . एन . राय (हृदय) hnrai6215@gmail.com

मेरे प्रेरक ,

"अभियान" का संसार ! धरती पर घटने वाली सच्ची घटनाएं , जिन्हे देखने, समझनें ,हृदय से आंदोलित होने और इन काव्य पक्तियों के धारा प्रवाह फूट पड़ने के कारण, बना है !

मैं स्वयं कानून और कॉमर्स का बिद्यार्थी था ! कंपनी के कार्यों मे मेरा सरोकार भी इन्ही दो विषयों से पड़ता था ! कविता और मेरा नाता सिर्फ उतना ही था , जितना हिन्दी के पठ्यक्रमों को एक बिद्यार्थी इम्तहान के लिए पढ़ता है ! यह 1980/90 का दशक था सिख दंगे तत पश्चात मण्डल , कमंडल की सांप्रदायिक तथा जातिवादी दंगायी राजनीति से देश धधक रहा था न जाने कितने घर , बूढ़े , जवान, बच्चे अपना सब कुछ खो चुके थे और खोने का सिलसिला , अभी भी जारी था ! जो रोज रोज दिल को चुभता ! उमड़ता ! घुमड़ता ! बच्चों - औरतों की हृदय बिदारक चीखें कानों में गूँजती ! उनके आँसुओ से बिलबिलाते चेहरे , आँखों में चलचित्र की तरह उभरते ! उफ्फ़ असह्य था !

क्यों ना फट जाती यह धरती, टुकड़ों में होकर तार- तार !

यह हृदय दुर्दशा दर्दों से , हो जाता क्यूँ ना क्षार - क्षार !!

पीड़ा के अंगड़ित दृश्यों को, जो आँखें सहती बार - बार !

क्यूँ नहीं खार जल में गलकर, मिट जाती होतीं आर - पार !!

ए कैसा धार्मिक उन्माद था ? ए कैसी जीवन शिक्षा थी ? ए कैसा भारत था? ए आतंक न जाने किस किस रूप में , कब से , यह देश भुगत रहा था ! यह देश क्या ? सारी दुनिया ! सारी मनुष्यता ही , इसे भोग रही थी ! आखिर उस भयानक कुचक्र से , रात दिन के आतंकी साये से, बाहर आने का मार्ग भी क्या था ?

तुम सागर का सारा खारा जल लेलो,

धो डालो धरती के आँचल का मैला पन !

फिर भी न धुल सके यदि महान गोंदी का यह मैलापन ,

मेरी आँखों का सारा जल न्यौछावर है !!

माना अथाह के यूँ अपूर्ण हो जाने पर ,

मेरी आँखें ही पूर्ण कहाँ होंगी इसको !

फिर भी उद्विग्न मन से उपजी चेतनता में ,

दृढ़ संकल्पों से ,कुछ प्रायश्चित हो जाएगा !!

हृदय के हाहाकारी मंथन से उपजी यह कृति , आपके हृदय को छू सके ! उन अभागों को कुछ राहत दे सके ! जो किसी धार्मिक आतंक के शिकार हो, अपना सब कुछ खो चुके है ! तो यही अभियान का आग्रह है ! जो आज आपको प्रस्तुत है !!

ए . एम . 44 सुकलिया इंदौर

दो शब्द

श्री एच एन राय यूँ तो ब्यवसायिक शिक्षा प्राप्त एक कार्मिक प्रबंधक हैं ! लेकिन साहित्य व काव्य का झरना भी उनके दिल से, झर झर झरता है ! उनकी कविताओं का प्रथम निर्झर है 'अभियान' बहुत ही सकरात्मक सोच को आत्मसात किया हुआ शीर्षक है ! 'अभियान' में लक्ष्य व पगडंडी दोनों का स्पष्ट बोध होता है ! प्रस्तुत काव्य पुष्प अभियान समाज को उदबोधित करती चिंतन परक रचनाओं का संग्रह है ! जिनमे जीवन,जिंदगी ,एक भीषण प्रश्न हैं धर्म और जाति जनित समस्याओं पर तो गुरुमंत्र भी विचारोत्तेजकता लिए हुए है ! और अंत में कई चौपाइयों मे समेटी गयी रचना 'अभियान' अपना मकसद हासिल करने में कामयाब रही है! इसी कविता का शीर्षक श्री हृदय नारायण राय जी ने अपनी इस काव्य कृति के लिए चुना है! लब्ध प्रतिष्ठित कवि वर डॉ शिव मंगल सिंह सुमन जी को समर्पित यह पुस्तक दरअसल एक अभियान ही है, श्री राय के लिए ,साहित्य सेवा की राह पर सतत चलने का !

ईश्वर रचनाकार की रचना धर्मिता में अनवरत बृद्धि करें और अभियान चारितार्थता के एवरेस्ट तक जा पहुचे ! इन्ही प्रेमिल कामनाओं के साथ :-

प्रोफेसर राजीव शर्मा (कवि)

2/4 ओल्ड पलासिया ,आर के पुरम

001 सतपुड़ा अपार्टमेंट इंदौर (मध्य प्रदेश)

अभियान काव्य संग्रह

---**********----

जीवन

(1)

करूँ बन्दना चिर उदास ,

या सुनूँ मजीरों का क्रंदन !

घिसूँ अर्चना में चंदन या-

करूँ शहीदी अभिनंदन !

रखूँ साधना में उपास या-

शोध सिंधु को मथ डालूँ !

क्षोभ क्षुधा पा जाए किंचित ,

सोम सुधा अमृत जीवन !!

(2)

देख रहा हूँ पृष्ठ ये धुंधला,

पड़ा आज इतिहासों से !

करता जाता तुलना इसकी ,

विस्तृत वेद विकासो से !

बिषय युद्ध का क्या था उनमे ,

अब तक ढूंढ रहा था मैं !

कितने लश्कर खेत हुए थे ,

पूछ रहा मेरा जीवन !!

(3)

इन प्रस्तर प्राचीरों ने ,

जाने कितने इतहास गढ़े !

कितनी खाई और बढाई,

कितने खंड बिखण्ड बढ़े !

कितना श्रमधन दान हुआ ,

इन गगन चूंमते महलों पर !

आज उसी का लेखा जोखा ,

ढूँढ रहा मेरा जीवन !!

(4)

कितने प्रितजन धूल हुए ,

इन हवन वेद संकल्पों में !

कितने सुत बलिदान चढ़ेंगे ,

रक्षा द्वन्द विकल्पों में !!

कितना शोणित और लगेगा ,

इन भवनों को रंगने में !

और कटेगी कितनी गर्दन ?

सोच रहा मेरा जीवन !!

(5)

गहन चुका हूँ अमराई में,

जलता रहा जीवित मधुबन !

अब तक तेरे चरणों पर ही ,

कुम्हलाता सुमनों का तन !

अभी माफ कर रहा सुमन पर ,

पात्र नहीं कोई इसका !

जानें कितना तड़पा होगा ,

तरु विहीन पाकर जीवन !!

(6)

दौड़ रहा है मृगा धरा पर ,

तृष्णा विकल सवालों में !

देख रहा है बहती नदियां ,

ग्रीष्म ऋतु अकालों में !

इस भ्रम के बलबूते पर ,

जल बूँद नहीं वह पाएगा !

चरम बिंदु पर तृष्णा होगी,

शून्य गहा शश का जीवन !!

(7)

जीवन का यह मोल किया है,

किसने दे कर जग जीवन !

भ्रम का कितना जाल बुना है ,

मृतक बना मधुबन मधुबन !!

अवशेषों का उत्तर दूँ क्या ?

शेष निरुत्तर रह जाता !

युगों -युगों से मरा पड़ा हूँ ,

देख मजारों का जीवन !!

(8)

गढ़ गढ़ मठ तैयार किया पर ,

गढ़ न सका कोई जीवन !

खोज स्वर्ण शृंगार किया पर,

सज न सका कोई मधुबन !

रत्न जिज्ञासा जो जो बढ़ती ,

रक्त पिपासा बढ़ जाती !

स्वर्ण खदानें गहरी होती ,

गहराता सूना जीवन !!

-------*****----------

गुरुमंत्र

मैं निशा की गोंद लेटे /

आँख मूँदे / कान खोले !

चाहता था सुन सकूँगा /

फिर उसी गुरुमंत्र स्वर को /

विजय वर को !!

जो कभी आया उभर कर /

सृजक के अधरों से होकर /

और जिसके स्वर को सुनकर /

शब्द मै कुछ ढूँढ पाया !

गीत यह अपना बनाया /

तब कहीं दुनिया से जाके /

कह रहा हूँ ए उजाला !

स्वर भी हमने है बनाए /

कब कहा था ?

वे तो उतने दूर /

केवल मै यहा था !

और इन शब्दों की बयाख्या ?

यह नहीं मेरा विषय है /

हे प्रभू ! इतनी विनय है !!

और चौंकें कान मेरे /

बढ़ गए गहरे अंधेरे !

अब तो शायद सोर के पहरे न होंगे /

या हमीं बहरे न होंगे !!

याद आया / मै सुना हूँ !

ठीक ऐसी ही घड़ी थी /

मौनता ठहरी पड़ी थी !

हो रहा आकाश का /

स्वर से मिलन था !

ॐ का पहला उदय /

पश्चात शब्दों का चयन था !!

तब तो अंतर ना रहा /

मुझ में जगत में !

रह गया है मात्र /

शब्दों के चयन में !!

फिर भला क्यों जग भी रूठा

और तुम भी रूठ बैठे /

शर्त तो इतनी लगी थी /

ना कभी चुप चाप बैठे !!

हाय हाहाकार /

मैं कुछ भी न बोलूँ /

चुप रहूँ !

भेद यूँ सबसे न खोलूँ /

ढँकता रहूँ !

देखता तो हूँ /

सभी कहते कथा है !

और तुमने कुछ न छोड़ा /

बच गयी केवल व्यथा है !

तब कहो मैं इस जगत से क्या कहूँगा ?

सत्य ही को दाब /

क्या मैं झूठ की बातें लिखूँगा ?

तब तो पूछूँगा तुम्ही से /

युद्ध के क्यों स्वर सुनाए ?

तर्जनी मेरी पकड़ के /

क्यों वे कोमल गीत गाए ?

और पूछूँगा तुम्ही से /

क्यों किया अभिषेक तुमने ?

जन्म से पहले ही तुमने /

चक्रव्यूह के मंत्र बुने !

अरे अब भी न बोले !

हृदय की बंद गांठें /

अभी तक /

क्यों न खोले ?

क्षम्य भी तो है नहीं अपराध /

यदि सजा मुझको मिलेगी /

मात्र निराधार !

तब क्या तुम भी बच सकोगे ?

या लोकतंत्र ही कह सकोगे ?

फिर भी मैं तो पूजता हूँ /

"मातृ कहकर ! पित्र कहकर !

त्वमेव माता श्च पिता त्वमेव"

जबकी दुनिया पूछती है /

मात्र केवल मित्र कहकर !

याद आया /

वह अंधेरा !

रात का पहला सवेरा !

और मै आँचल तले का दूध पीकर /

एक क्षण भी न अबेरा !

आँख मूँदे /

कान खोले !

ठीक ऐसे ही पड़ा था !

माँ की छाती से जड़ा था !!

तब कहीं से शहद की सी बूंद /

कोई आ पड़ी थी !

क्या खबर मुझ को लगी ,

वह कान या मुख में गिरि थी !!

तबतो मुझको होश न था /

इस तरह का जोश न था !

फिर हुआ पहला विपल्लव /

उड़ गए सब वृक्ष पल्लव !

घोर गर्जन /

युद्ध तर्जन /

हो गया युग का विसर्जन !

तब क्या तुमसे ही छिपी है ?

वह मेरी गहरी उदासी !

हाँ तभी तुमने कहा था /

मत बनो यूँ फूल बासी !

हाय दुबले और कोमल हाथ ले तुमने कहा था /

मैं रहूँगा साथ !

धनुष जब मै ले रहा था !!

पाँव भी रखने तो तुमने ही सिखाए /

मोह मारण और सब कितनी बिधाएं !

आज अभिमन्यु तुम्हारा /

तोड़ता हर एक फाटक !

रास्ते का कौन बाधक ?

आह अति है /

मौत गति है /

सातवें का मंत्र छूटा !

हो रहा है प्राण झूठा !!

तब क्या द्रोणाचार्य थे तुम ?

या मैं ही एकल्ब्य न था !

उफ्फ़ नियति उपलब्ध न था !

उफ्फ़ नियति उपलब्ध न था !!

हाय कड़वे बोल कितना ?

कह गया एकांत क्षण में !

था छुपा प्रतिशोध इतना /

इस मेरे अंतःकरण में !

क्या यही अपराध कम है ?

दंड का आधार कम है ?

तब तो मैंने दक्षिणा भी ना चुकायी ?

या चुकायी भी /

तो करके जग हँसायी !

हाँ तभी तो निज आघातों

ने है तोड़ मौन मेरा /

सालता है !

आज अपने ही हृदय की चीख ले /

कड़ियों का घेरा बांधता है !

मातु दौड़ो /

पित्र दौड़ो /

पुत्र और /

सुमित्र दौड़ो !

फिर वही पहला विपल्लव /

उड़ रहे सब वृक्ष पल्लव !

घोर गर्जन/

युद्ध तर्जन /

हो रहा युग का विसर्जन !!

हाय दौड़ो और पकड़ो /

टूटते हर एक नाते !

भीष्म के इस अंत क्षण में /

बेदना की शेष घातें !!

आज कितने मास बीते /

वर्ष के इतिहास बीते !

मृत्यु से भी मौन क्षण के /

हास और परिहास बीते !

पर नहीं लौटा अभी भी /

आज तक वह आस का स्वर !

विजय के उल्लास का स्वर !

जब कि अब तो साँस के भी /

टूटते /

विश्वास बीते !

काश !

कुछ दिन और जीते ! काश ! कुछ दिन और जीते !!

----------***--------------

ज़िंदगी

अट्टहास कर रही है ,

कायरों की बुझदिली !

मृत्यु शैया पर पड़ी,

घुट रही जिंदा दिली !

कौन इस संसार में ,

हँसता हुआ है जी रहा !

हर गली हर चौक पर,

कुचली पड़ी है जिंदगी !!

आज तो हर शाम का रंग ,

खून जैसा भिंगता !

कराहती हर रात घायल ,

धुप्प अंधेरा चीखता !

भेड़िये सा चाँद बन,

शोणित ग्रीवा का पी रहा !

चाँदनी की हड्डियों को ,

बिनती बस जिंदगी !!

हर गली हर चौक पर,

कुचली पड़ी है जिंदगी !!

बादलों का रंग भी ,

अब नील नभ बदरंग करता !

काँपती हर बूँद जैसे,

मेघ का है घाव रिसता !

पीब के शैलाब से,

सूखा जलाशय भर रहा !

प्यास है घनघोर पर,

निरुपाय बैठी जिंदगी !!

हर गली हर चौक पर,

कुचली पड़ी है ज़िंदगी -------------!

क्रूर रक्तिम चक्षु से है,

घूरता यह कौन पक्षी !

माँस के चिथड़े बचे जो ,

बस वही हैं जीवित साक्षी !

जम चुका हर रक्त कतरा,

लोथड़ा बस पिस रहा!

शमशान के अब शहर हैं,

और मौत की है जिंदगी!!

हर गली हर चौक पर ,

कुचली पड़ी है जिंदगी ----!!

सोचता हूँ आज जाकर ,

मक्का मदीना पूछ लूँगा !

सोचता हूँ आज जाकर ,

तीर्थ काशी ढूढ़ लूँगा !

देख लूँगा इस जगत में,

कौन तपसी जल रहा,

या भयानक खरल में,

वह घोंटता है जिंदगी !

हर गली हर चौक पर,

कुचली पड़ी है ज़िंदगी !!

आज मैं हर चर्च के

द्वारे पर जाकर पूछता !

मंदिरों और मस्जिदों के ,

द्वार से ना चूकता !

देखता जाकर वहा तो ,

हवन भी है सड़ रहा !

वो महाज्ञानी बना है,

भीख में ले जिंदगी !!

हर गली हर चौक पर ,

कुचली पड़ी है ज़िंदगी !!

विधि विजेता विदित कवि ,

अब क्यों पुरातन नीति खलती ?

धर्म की वह रेख बन कर ,

शूल सी ,क्यों प्राण सलती !

वेद का ही भेद जो तूँ ,

था तूँ कभी बतला रहा !

आज तेरे भेद से ही ,

द्वेष करती जिंदगी !

हर गली हर चौक पर ,

कुचली पड़ी है जिंदगी !!

पूर्वजों का पाप ही ,

किंचित हलाहल फेंकता !

पी चुका भर उदर लोहू,

हड्डियों को बेधता !

पूर्व का अभिमान ही ,

कंकाल को है ढो रहा !

मान के इस सोर मे,

बस पिस रही है जिंदगी !!

हर गली हर चौक पर,

कुचली पड़ी है ज़िंदगी !!

मंदिरों के क्षत्र पर है ,

स्वर्ण आभूषण मढ़ा !

मस्जिदों के द्वार पर है ,

रत्न धन सदियों चढ़ा !

वह करोड़ों मोतियों को,

युग-युगों से पा रहा !

और हम सहसत्रों वर्ष से,

नंगी लिए है जिंदगी!!

हर गली हर चौक पर,

कुचली पड़ी है ज़िंदगी -----!!

कुछ नहीं संकोच मुझको ,

यदि तुम कहोगे नास्तिक !

नर मुंड का बलि दे तुझे ,

चाहूँ न बनना आस्तिक !

मनुज तुझको ढूँढने में,

मनुज को ही खो रहा !

बोटियों में बाँट कर,

मरघट बनी यह जिंदगी !!

हर गली हर चौक पर ,

कुचली पड़ी है ज़िंदगी !!

तूँ कभी पर था मसीहा ,

आज क्यों है पातकी !

लीलता इंसानियत को,

बन मनुज का घातकी !

आज तूँ इस काल में,

जिसके सहारे जी रहा !

लूट लेता है उसीको,

बाँट कर यह जिंदगी !!

हर गली हर चौक पर ,

कुचली पड़ी है ज़िंदगी !!

हो रहा है जश्न तेरा,

मानव रुधिर की बास आती !

नारियों का दूध बिकता ,

बालकों को कोख खाती !

नग्न मांसल देह का,

सौदा यहाँ है हो रहा !

रोटियों की भूख मे ,

बेदाम बिकती जिंदगी !!

हर गली हर चौक पर ,

कुचली पड़ी है ज़िंदगी !!

है जहां स्थान तेरा ,

सट कर वहीं बाजार होता !

पुण्य का तो ओट है ,

बस पाप ही गुलजार होता !

पा रहा तूँ भी दलाली ,

गोश्त जिंदा बिक रहा !

नाम है रक्षक मगर ,

क्यों भक्षता है जिंदगी !!

हर गली हर चौक पर ,

कुचली पड़ी है ज़िंदगी ----!!

मुक्त हो कैसे धरा ,

यह खोद कर तेरा पहाड़ !

धूल में कैसे मिटे ,

चिंता नहीं तूँ जाए भाड़ !

टूटता है धैर्य अब ,

अन्याय का हद हो रहा !

देख कर तेरे उदर,

पचती हुई यह जिंदगी !!

हर गली हर चौक पर,

कुचली पड़ी है ज़िंदगी ----!!

हित किया हो आज तक ,

यदि मंदिरों ने दानवों का ,

मान जाऊं है मसीहा,

जन्म लेकर मानवों का!

पर सदा जो दानवों का,

कत्ल ही करता रहा !

किस खुदा ने आज तक,

कोई सुधारी ज़िंदगी !!

हर गली हर चौक पर ,

कुचली पड़ी है ज़िंदगी !!

इतिहास के किस अंक में ,

यह आस्तिक का द्वन्द न था !

राम उत्तम काल में,

क्या नास्तिक का अंश न था !

हर समय हर युग पुरुष ने,

तोड़ना चाहा इसे है !

पर काश कोई तोड़ पाता,

जाति वाली ज़िंदगी !!

हर गली हर चौक पर ,

कुचली पड़ी है ज़िंदगी !!

राज्य के ही लोभ में था ,

पांडवों ने युद्ध ठाना !

कृष्ण थे उनके सहायक,

जिनको है हमने पूज्य माना !

किस लिए निर्दोष जन ,

काटे गए मैदान में ?

राज लेने हेतु ही तो ,

वह कटी थी ज़िंदगी !!

हर गली हर चौक पर ,

कुचली पड़ी है ज़िंदगी !!

क्या बिगड़ता कृष्ण का ,

अर्जुन न पाते राज्य यदि !

क्यों गँवाती गोंद नारी ,

दुंदुभि ना फूंकते यदि !

राज नैतिक नीति से ,

निर्णय वहाँ था हो रहा !

युद्ध ही बस हल बता ,

किसने ठगी थी ज़िंदगी !

हर गली हर चौक पर ,

कुचली पड़ी है ज़िंदगी !!

वह मान का अपमान था,

या अपमान का सम्मान था !

वह धर्म का कर्तब्य था,

या कर्तब्य मिथ्या ज्ञान था !

जो संजोयी लाज ही था ,

चितियों पर रख रहा !

धर्म राज वह बना ,

जिसने हराई जिंदगी !!

हर गली हर चौक पर ,

कुचली पड़ी है ज़िंदगी !!

क्या अदा कीमत हुई ,

उस सैन्य के बलिदान की !

किसने भरी बदले मे झोली ,

रक्त के अनुदान की !

चंद सिक्कों के लिए जो,

युद्ध मे था लड़ रहा !

उदर पोषण दर्द ले,

उसने कटाई जिंदगी !!

हर गली चौक पर,

कुचली पड़ी है ज़िंदगी ----!!

यह सनातन द्वन्द है,

जो आज भी मिटता नहीं !

यह पुरातन दंभ है जो ,

आज भी घटता नहीं !

युद्ध के अभिशाप से,

केवल जवानी घट रही !

धार लाने हेतु कौशल,

घिस रही है जिंदगी !!

हर गली हर चौक पर ,

कुचली पड़ी है ज़िंदगी !!

कर्म ऊँचा धर्म से या ,

धर्म ऊँचा कर्म से !

मौत ऊंची जन्म से या ,

जन्म ऊँचा मौत से !

बस यही चिंघाड़ सुन कर,

कर्ण पट है फट रहा !

हो रही बहरी जगत मे,

बिलबिलाती जिंदगी!!

हर गली हर चौक पर ,

कुचली पड़ी है ज़िंदगी !!

छोड़िए यह बात अब कुछ ,

हद से ज्यादा हो चली है !

आज की यह रात भी ,

काजल गँवाती रो पड़ी है !

मूर्छित गिरी इन पक्तियों का,

नेत्र भी नम हो चला !

प्रश्न के अंगार पर ,

हल ढूँढती है जिंदगी !

हर गली हर चौक पर ,

कुचली पड़ी है ज़िंदगी !!

रात्रि की अब शेष घड़िया ,

अवशेष के गृह से चली है !

कोप भाजन क्यों बने ,

रवि हेतु गृह को दे चली हैं!

देखता हूँ आज फिर ,

कैसा सबेरा हो रहा?

क्षणिक ही दम साध पाती ,

सोचती है जिंदगी !!

हर गली हर चौक पर ,

कुचली पड़ी है ज़िंदगी !!

जलधि से संघर्ष कर ,

है बाजुओं ने प्राण रोका !

क्षण मात्र ही अवकाश क्षण ,

है धड़कनों ने सांस रोका !

काल के संघर्ष से कुछ तन,

सिथिल सा हो रहा !

बल जुटाने हेतु शायद,

चित्त पड़ी है जिंदगी !!

हर गली हर चौक पर ,

कुचली पड़ी है ज़िंदगी !!

शब्द दल थर्रा उठे,

मसि बिन्दु ने है द्वार भींचा !

हो उठा दो टूक कागज ,

बिषय गति ने रेख खींचा !

आह भरता कवि हृदय ,

अभियोग मुझ पर लग रहा !

जन्म हो जाता सफल,

कविता जो पाती जिंदगी !!

हर गली हर चौक पर,

कुचली पड़ी है जिंदगी !!

काल के अवरोध को,

यदि काल गति ना तोड़ता !

'काल' के इतिहास से फिर ,

आज कैसे जोड़ता !

आज के ही सोच में ,

वह काल भी था जी रहा !

आज के संदर्भ में ,

पैदा हुई यह ज़िंदगी !!

हर गली हर चौक पर ,

कुचली पड़ी है ज़िंदगी !!

अभियान

बिगत कुछ दिन की है यह बात ,

देखने में आई वह रात !

उषा के लोहू से जो शांत ,

हुई थी तृष्णा तिमिर बिसात !!

डूबते अंधकार के बीच,

मेरे अनजानेपन की चीख !

पकड़ कर कायरता का हाथ ,

मांगती रहती जीवन भीख !!

उसी एकांत प्रांत का पाप ,

रहा था मुझ निराश को फूँक !

लिए भय का वह तेज कटार,

कर रहा था गर्दन दो टूक !!

निशा की बाहों मे कटु सत्य ,

सुनायी पड़ा मुझे क्षण एक !

दिवस की चीखो का अवसाद ,

किया था प्रतिक्षण को अविवेक !!

विश्व का विजयी योद्धा धूप ,

मृत्यु का पाकर भीषण रूप !

निशा की बलि वेदी पर हाय ,

निबल निसहाय पड़ा था भूप !!

हुए थे लाल रक्त कण स्याह ,

उजालों का छिप कर कंकाल !

पड़ा था जिन चरणों की ओट ,

वही आकाल,वही आकाल !!

पकड़ कर चिर दिया था अंग ,

खंड होकर गिरते भुज दंड !

माँस किरणों का पाकर चूर ,

भून खा जाता था पाखंड !!

और वह कौशल भाल विराट ,

गिर था जिस गौरव के ओट !

उसी का पाजी बैभव पूत ,

किया था इतना घातक चोट !!

बने थे रक्षक दल भय दूत ,

पहुँच साहस पर करते वार !

उसी का कायर बना कपूत,

पकड़ता और बढ़ाता रार !!

समय जो बीता बनकर भूत,

जुगाली करता गिरता गाज !

बाज बन बैठा भ्रामक पूत ,

निगलने को आतुर था आज !!

नृपति बन बैठा था अति स्वार्थ,

राज्य का बिस्तारक था क्रुद्ध !

सैन्य का संचालक मन चोर ,

रत्न के हेतु किया था युद्ध !!

अस्त होकर गिरता परमार्थ ,

न देने वाला कंधा और !

भूख से मरा पड़ा निःस्वार्थ ,

धुंध ने छीन लिया था कौर !!

न उसकी ही होती थी हार ,

न मुझको ही खोनी थी भोर !

कहो तब किस से हाथ पसार ,

माँगता अपना अंतिम जोर !!

न होते रण क्षेत्रों के बीच ,

सहायक कोई भी सिद्धार्थ !

पलायन कर दे चाहे मुक्त ,

मगर लांछित करके पुरुषार्थ !!

और तब मेरी मरती साँस ,

कहेगी अंतिम गदा उधार !

चुका देते जिस दिन तुम भीम ,

तभी कहला पाता उपकार !!

अरे तब मैं ही इतना हेय ,

निराश्रय हो फिरता असहाय !

लिए पुरुषार्थ और उत्साह ,

भी बैठा हूँ ऐसे निरुपाय !!

नहीं मेरे सूरज का अंत ,

किसी के बल बूते की बात !

लड़ूँगा मै जीवन पर्यंत ,

कुटिलता का सहकर आघात !!

हुई प्रतिध्वनित हमारी चीख ,

लिए परिवर्तित आशा गीत !

पराजय कायरता की भीख ,

सदा साहस की होती जीत !!

सुना जिन कानों ने अट्टहास ,

कायरों का दंभित अनुमान !

तोड़ने को लेकर अभिप्राय ,

किया था जीवन का आह्वान !!

की जिसका श्रम दोहित संग्राम ,

पहुँच कर तर्क शक्ति के धाम !

बिगत संघर्ष थकित हो प्राण ,

किया था क्षण भर को विश्राम !!

उसी का सपथ सतत संघर्ष ,

हाथ मे लेकर कर्म कुठार !

मृत्यु के चिंतक भय से दूर ,

चाहता अंतिम युद्ध जुझार !!

जनता हूँ शोषण का चक्र ,

कुचल देता पोषण का ग्रास !

एक दिन टूटेगा यह चक्र ,

ढहेगी चरमर होकर लाश !!

मरेगी इसकी भीषण देह ,

नहीं इसमे मुझ को संदेह !

किया जो इसने अत्याचार ,

शेष क्या रह पाएगा स्नेह!!

भला यह कितना रूप विराट ,

लगा कर दरगाहों की हाट !

कर रहा जीवन पर है चोट ,

मृतक की लाशों का कर बाँट !!

किसी के मरने का ब्यापार ,

दिखा कर मुक्ति का वह द्वार !

लूट के अर्थों का यह श्रोत ,

करेगा जल कर हाहाकार !!

पहुँच जा देखा राम निशान ,

मृत्यु का भी भारी अपमान !

करोड़ों जन्मों का विश्वास ,

रक्त से सना पड़ा वीरान !!

और वह मस्जिद की ही शान ,

लहू का लपक लपक अभिमान !

दौड़ कर सीना देता चीर ,

चीख मानवता की सुनसान !!

और वह संख्यक नाम नदान ,

कहाँ पाते इसको पहचान !

हेतु जिसके वह सीना तान ,

गँवाते अपना नाम निशान !!

नहीं यह एकल मस्जिद भूमि ,

नहीं यह एकल राम निशान !

विश्व का हर कोना हर धाम,

इसी से सना पड़ा बिरान !!

हुए तब बाल्य प्रश्न दो चार,

किया है किसने कब उद्धार ?

मौन वह मृत्यु देव भी मौन ,

करें बिष से कितना उपचार !!

मृत्यु का होता है उल्लेख ,

आग के जैसा उसका भेष !

जला कर जो कर देती राख ,

वही कब रह पाती है शेष !!

सुगंधों के प्रति है प्रतिबंध ,

कि बंधित रागों का आरोह !

तुम्हारा एक एक अनुबंध ,

कराता द्रोह और विद्रोह !!

प्रतीकों का तब प्रबल प्रवाह ,

झुकेगा किस दल बल की ओर !

प्रवाहित हो जाए संसार ,

बचे ना कोई समतल ठौर !!

उसिकी मृत्यु का भय पाश ,

बांध देगा उसकी लय साँस !

उसी का स्वर्गिक मोद प्रमोद ,

करेगा लौकिकता का नाश !!

अतः जीवन का ही अवसान ,

नहीं है यह भी सत्य महान !

मृत्यु भी मरती है श्रीमान ,

तर्क इस से ही क्यों अनजान !!

नहीं तब वह थी अंतिम रात,

नहीं यह होगा अंतिम वर्ष !

सृजन के लघु कण का अवशेष ,

करेगा पुनः- पुनः संघर्ष !!

कहो तब कितने काव्य किरीट ,

धरा के धँसते बीचों बीच !

गगन के गुंजारित कुल गान ,

आज तलघर मे बांध कर नीच !!

कहो तब किसका गौरव शीश ,

उठाते रुपक छंद बिधान !

कहो तब किस बैभव के हेतु ,

प्रबंधित काव्यों का तुक दान !!

विगत तब एक एक अभिलेख ,

जानता किन चिन्हों का भेद !

जिसे कह पाना ही निःशब्द ,

शब्द से कहता रहता वेद !!

कि जिसका चखना ही अस्वाद ,

कि जिसको दिखना ही बिन भेष !

कहो तब कैसे मूर्त प्रधान ,

मिठासों का देते संदेश !!

न जानूँ रुपक ,छंद बिधान ,

न समझूँ कविता लय आकार !

हेतु यह जिससे उपजी पीर ,

उसी का करना है प्रतिकार !!

नहीं ! फिर भी होगा वह शेष ,

एक जीवन का ही कुछ अंश !

करेगा मृत्यु दल पर वार ,

चलाने को जीवन का वंश !!

तुम्हें कुछ भाषा का है ज्ञान ,

हमारी निरक्षरता अज्ञान !

इसी के बल तुम देव महान ,

रहूँगा कब तक मैं अनजान !

जानता हूँ अपना भी अंत ,

गंवा कर गीला सूखा वर्ष !

मृत्यु से कह दूंगा दो टूक ,

ढकोगी कैसे मेरा हर्ष !

हमारे श्रम की ही कुछ बूंद ,

अगर बन जाएगी अभियान !

तेरे चरणामृत का यह मान ,

धरा पर सिसकेगा बेजान !!

नहीं ऊर्जा का अंत बिराम,

निकल फिर आएगा दिनमान !

पतन के अंधकार को चीर ,

अंश कर जाएगा उत्थान !!

नहीं तब कोई देव महान ,

नहीं तब कोई अमर निशान !

नहीं कोई बाइबिल ,वेद,पुराण ,

न कोई बानी, ग्रंथ, कुरान !

कहेगा अपना सीना तान ,

जगत के जीवन का संधान !

हमारी मुठ्ठी के दरम्यान ,

पल रहा पाकर भाग्य बिधान !!

बदलना होगा वेद, पुराण,

बाइबिल, बानी , ग्रंथ, कुरान !

युगों से देते हैं व्याख्यान ,

नहीं कर पाए अनुसंधान !!

की कहते सूरज,चाँद ,आकाश ,

हमे केवल गति मे विश्वास !

की चलना ही जीवन की साँस ,

बदलना ही गतिशील विकास !!

कि नदियों की अपनी पहिचान ,

कि सागर के लहरों की शान !

कि उठते रहने का अभियान ,

कि बहते जाने का ईमान !!

तो उठते रहने का है लक्ष्य ,

की गिरना उसका अर्ध विराम !

जो लेकर क्षण भर को विश्राम ,

पुनः अविराम ,पुनः अविराम !!

कि कहता जाता साँझ बिहान ,

हमें रहना परिवर्तनशील !

और इन ऋतुओं का बदलाव ,

रहो गतिशील, रहो गतिशील !!

जगत के कण-कण का कल्याण ,

हमारा अहम प्रश्न उत्तकर्ष !

करेंगे जो भी चिंतन कार ,

उन्ही के हेतु हुआ निष्कर्ष !!

सृजन का अर्थ ! तत्व अणु भार ,

लिए प्रति आकर्षण का सार !

कर रहा अवलंबित गति लक्ष्य ,

बिश्व के जन्मों का बिस्तार !!

------************---

क्रम-सूची

प्रस्तावना	li
1. अध्याय 1	1
2. अध्याय 2	2

प्रस्तावना

इन कविताओं का जन्म 90 के दशक मे हुआ देश तब जातिगत और धार्मिक दंगों मे देश जल रहा था
    1984 के सिख दंगों को लेखक ने अपनी आँखों से देखा था ! जो लेखक को ब्रिगेडियर बी एस ओबेराय,
    इंदौर, के घर जाते समय इंदौर की सड़कों पर दिखा (लेखक तब इंदौर वायर कंपनी का प्रशासनिक अधिकारी था)
    उफ़्फ़ कितना असह्य और अमानवीय हो जाता है कोई शहर ,कोई गाव, कोई देश ,जब वहाँ के नागरिकों के जीवन मे
    धर्म और राजनीति एक साथ घुल जाए इन्ही परिवेश में " जीवन " "ज़िंदगी " की रचना हुई तत्पश्चात लब्ध प्रतिष्ठित कवि वर डॉ शिवमंगल सिंह सुमन जी से मुलाकात का अवसर प्राप्त हुआ जो पूरे दिन 10 बजे से शाम 5 तक एक दूसरे को सुनने सुनाने मे बीत गया ! उन महान ब्यक्तित्व की किरण जिन्हे छू गयी उनमे से एक यह लेखक भी है और वह इसके लिए आपका आजीवन ऋणी है! उन्होंने विदा करते हुए कहा था, हृदय ! मेरे जीवन मे तुम पहले ऐसे ब्यक्ति हो जिसके साथ मैंने एक ही दिन इतना वक्त दिया ! इतना तो मैंने भारत के किसी भी पत्रकार को नहीं दिया ! उनके साथ इस वार्तालाप में उनकी अपने समकालीन कवि जनों की स्मृतियाँ थी ! जिसमे महादेवी वर्मा जी ,डॉ हरिबंश राय बच्चन जी ,एवं उनकी पहली पत्नी श्यामा जी के साथ उनकी अपनी मुलाकातों का ज़िक्र था ! अमिताभ जी के जन्म एवं उनके नामकरण की कहानी भी मुझे उनके द्वारा सुनने को मिली !वापसी के बाद ' गुरुमंत्र ', अभियान की रचना हुई जो पुस्तक रूप मे आपके हाथों मे है !
    ' हाँ वही स्पर्श अब भी जागता हूँ,
    रात दिन का भेद ना कुछ मानता हूँ !
    रोशनी ,संगीत ,सुधियों, के सहारे ,
    जिंदगी के इस सफर को काटता हूँ !!

प्रस्तावना

एच । एन राय
(VILL/POST : LAUWADIH,
DISTT: GHAZIPUR
UTTAR PRDESH)
MOB : 8922056968

अध्याय 1

अध्याय 2

www.ingramcontent.com/pod-product-compliance
Lightning Source LLC
LaVergne TN
LVHW041548060526
838200LV00037B/1190
* 9 7 8 1 6 3 9 5 7 3 0 1 1 *